De duc
Volumen Primum

Leonidas

scripsit

Michael Hirschler

Vindobonae MMXVIII

De ducibus Graecis

Volumen I

Hunc libellum composuit scripsitque: Michael Hirschler

Imagines pinxit: Ivan Zamyslov
Imaginem tegumenti creavit: Michael Corvin
Tabulam geographicam pinxit: Petar Jeremic

ISBN: 1727572645
ISBN-13: 978-1727572643

Bernhardo

Leonidas

Index capitulorum

Praefatio

Narra mihi, Musa, de quodam forti Spartanorum rege et militibus suis illis fortissimis ...

Salve! Libenter tibi narrabo de quodam rege Spartano, qui cum militibus suis fortior fuit quam multi alii imperatores.

Tu certe te ipsum interrogas, quis ego sim.

Mihi nomen est Clio. Sum una e Musis, deis artium. Musa historiae sum. Itaque libentissime cano res gestas virorum fortium ac sapientium Graecorum.

Audivistine vel legistine iam de Leonidā, rege Lacedaemoniorum?

Leonidas non solum rex Spartae erat, qui illam urbem Graecam prudenter regnabat, sed etiam imperator fortissimus, qui milites suos magno cum impetu in multa proelia ducebat.

Quodam tempore, quo Persae Graeciam invadere in animo habuerunt et totae civitates Graecae magno in periculo fuerunt, Leonidas rex exercitum suum contra hostes fortiter duxit. Ad Thermopylas, locum in Thessaliā regione Graecā situm, Leonidā duce et trecenti Spartani et milites Thespienses Thebanique contra Persas pugnaverunt. Quamquam exercitus Persarum maior erat quam Graecorum, Leonidas militesque suos non se receperant. Fortissime pugnaverunt.

Postremo autem Leonidas cum copiis suis victus et occisus est.

Ex eo tempore laudatur et Spartanorum et Thespiensium et Thebanorum fortitudo. Qui enim Persas tamdiu tenebant, ut ceteris civitatibus Graecis potestatem facerent belli parandi. Itaque Graeci Persas vincere et e Graeciā expellere potuerunt.

Has res et multas alias tibi in capitulis proximis narrabo. Antequam autem tibi narro de Leonidā, tibi paululum narrabo de Spartani deque Persis.

Incipiamus ergo …

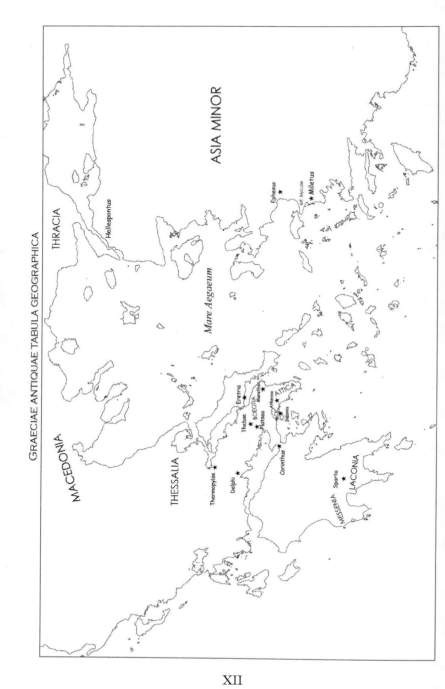

GRAECIAE ANTIQUAE TABULA GEOGRAPHICA

THRACIA

MACEDONIA

THESSALIA

ASIA MINOR

Hellespontus

Mare Aegaeum

Ephesus

Mt. Mycale

Miletus

Thermopylae

Delphi

Eretria

Thebae

BOEOTIA

Plataea

Marathon

ATTICA

Athenae

Salamis

Corinthus

MESSENIA

Sparta

LACONIA

XII

Capitulum Primum
De Spartā

Sparta est urbs in regione Laconiā sita. Regio Laconia est pars paeninsulae magnae, quae Peloponnesus vocatur.

Sparta vocabatur etiam Lacedaemon et incolae appellabantur non solum Spartani, sed etiam Lacedaemonii. Olim enim Lacedaemon Iovis filius Spartam urbem condidisse et progenitor Spartanorum fuisse dicitur.

Alius clarissimus Spartanus fuit Lycurgus, qui tempore mythico Spartanis leges dedit instituitque.

Civitas Spartana a duobus regibus regnabatur, quorum alter semper e gente Eurypontidum, alter semper e gente Agiadum ortus est. Reges duo magna pensa habebant:

Reges non solum exercitum Spartanum in bella ducebant, sed etiam sacerdotes maximi erant et sacrificia faciebant[1]. Tamen civitas regnum non fuit, sed omnia arbitrio populi gesta sunt. Spartanis fuerunt nonnulli magistratus, quorum summi erant ephori, qui non solum summam potestatem tenebant, sed etiam leges custodiebant et ius dicebant.

Hāc in urbe fuit etiam concilium senum, quod *gerusia* vocatur. Hoc concilium simile erat senatui Romano. Praeterea fuit etiam concilium populi, quod *apella* vocatur. In apellam convocati sunt omnes cives Spartani viriles[2].

Saeculo a.Chr.n.[3] septimo Spartani Messeniam, regionem vicinam, occupaverunt subegeruntque eos, qui hanc regionem

---

[1] *sacrificium facere*: ein Opfer darbringen / to sacrifice
[2] *virilis*, -e: männlich / male
[3] *a.Chr.n.* = ante Christum natum: vor Christi Geburt (v.Chr.) / before Christ (BC)

incolebant. Postea subacti a Spartanis vocabantur Hilotae. Spartani Hilotas servos fecerunt. Hilotae ergo sine iuribus erant.

Messeniā occupatā populus divisus est in partes tres: Spartani et Perioeci et Hilotae.

Spartani summi erant et tota civitatis potentia est penes[4] eosdem. Perioeci erant ii, qui Lacedaemoniam regionem incolebant, et olim a Spartanis victi sunt. Quamquam liberi erant, tamen nullam potestatem politicam habebant. Iis enim suffragia ferre[5] non licebat. Perioeci autem militabant, cum Spartani decernebant bellum quoddam gerere. Hilotae autem agros Spartanorum colebant et muneribus[6] servorum functi sunt.

Apud Spartanos liberi neque a parentibus neque a magistris educabantur:

---

[4] *penes + Akk.*: im Besitz / in the hands of
[5] *suffragium ferre*: abstimmen / to vote
[6] *munus, muneris n.*: Aufgabe / obligation

Pueri enim septem annos nati domum suam relinquere debebant et publice instituebantur. Hāc in institutione publicā pueri severe educati sunt. Ii enim debebant exercere vires corporis, tolerare dolores ac verberationes[7]. Praeterea pueri noctes in agris agebant ibantque per vias totum annum discalceati[8].

Adulescentes autem in rebus militaribus instituebantur. Institutionibus expletis adulescentes Spartani viri facti sunt. Quā de causā Spartani severi ac fortes fuisse dicitur.

---

[7]   *verberatio*, -onis f.: Bestrafung / punishment
[8]   *discalceatus*, -a, -um: barfuß / barefoot

XVII

Capitulum Secundum
De Dario I., rege Persarum, deque
bello Persico primo

Persae fuerunt quidam populus, qui fuit in Asiā mediā. Unus e clarissimis regibus Persarum fuit Cyrus Magnus (circiter 600–530 a.Chr.n.[3]) e gente Achaemenidarum, qui fines imperii Achaemenidarum auxit.

Cyrus enim imperio Lydorum occupato totam Asiam Minorem et omnes civitates Graecas hāc in regione sitas etiam in suā potestate habuit (547/546 a.Chr.n.[3]).

Cambyses II. Cyri Magni filius imperium iterum auxit, quod pater ei reliquerat. Aegyptum enim occupavit.

Post eum Darius I. rex Persarum factus est.

Darius rex novum imperii caput condidit nomine Persepolis. Temporibus antiquis Persepolis una e pulcherrimis et maximis urbibus fuit. Darius quoque fines imperii maxime auxit. Is enim cum exercitu suo partes Indiae et Scythiae occupavit.

Eo tempore imperium Persicum pertinuit ab Indiā usque ad Aegyptum et Asiam Minorem. Iis regionibus occupatis Darius cum militibus suis in Europam invasit et brevi tempore Thraciam et Macedoniam regiones in suā potestate tenuit.

Eodem fere tempore in civitatibus Ionicis (ut Ephesi et Mileti) seditio Graecorum contra imperium Persicum orta est (500 a.Chr.n.[3]). Ea seditio appellatur *seditio Ionica*. Graecis Ionicis auxilium a ceteris Graecis petentibus nullae civitates auxilium tulerunt, nisi Athenienses et Eretrii, qui miserunt nonnullas naves civitatibus Ionicis subventuras.

Persae autem Graecos seditiosos[9] vincere potuerunt sedaveruntque seditionem[10]. Darius autem iratissimus Athenienses et Eretrios pro auxilio lato ulcisci voluit. Quā de causā Darius misit exercitum magnum in Graeciam.

Bellum Persicum primum ortum est. Graecia libera magno in periculo fuit. Aliae civitates Graecae se Persis dediderunt sponte suā. Aliae autem contra hostes pugnare decreverunt.

Eretriā a Persis occupatā ac deletā Eretrios in servitutem abducerunt. Athenienses, qui timuerunt se eandem

---

[9] *seditiosus*, -a, -um: aufständisch, rebellisch / mutinous
[10] *seditionem sedare*: einen Aufstand niederschlagen / to put down a rebellion

fortunam subituros esse[11], legatos auxilium petentes ad Spartanos miserunt. Spartani, quamquam Atheniensibus auxilio mittere in animo habuerunt, responderunt se exercitum suum festi cuiusdam causā missuros esse in duobus diebus. Athenienses autem tempus non habuerunt, quoniam copiae Persarum iam in campo Marathonis fuerunt.

Nulla civitas, nisi illa Plataeensium decrevit cum Atheniensibus contra hostes pugnare. Miltiades, imperator Atheniensium, exercitum Graecum duxit contra Persas.

Proelio Marathonis Athenienses unā cum sociis Persas vincere potuerunt (490 a.Chr.n.[3]). Clade acceptā exercitus Persarum se recepit.

Athenienses civitates Graecas servitute Persicā liberaverunt!

---

[11] *subire*, subeo, subii, subitum: ertragen / to endure

Capitulum Tertium
De Leonidae origine

Leonidas natus est e gente Agiadum. Pater eius fuit Anaxandridas II. Ignotus autem est annus, in quo Leonidas natus est.

Quomodo Leonidas rex factus sit, difficile est intellectu: Prima enim Anaxandridae uxor liberos parere non potuit. Itaque ephori et ii, qui in gerusiā fuerunt, decreverunt Anaxandridam mulierem alteram in matrimonium ducere debere, ut ea liberos ei pareret. Anaxandridas paruit et mulierem alteram in matrimonium duxit.

Uxor altera Anaxandridae peperit filium nomine Cleomenem. At paulo post prima uxor peperit ei etiam filium quendam nomine Dorieum. Postea illa prima peperit iterum duos filios Leonidas et Cleombrotus vocatos.

Anaxandridā morte (520 a.Chr.n.[3]) Cleomenes ei successit. Itaque Cleomones rex Spartanorum e gente Agiadum factus est.

Cleomenes autem sine liberis habens mortuus erat. Quoniam Dorieus etiam e vitā excesserat, Leonidas denique rex e gente Agiadum factus est.

Capitulum Quartum
De Leonidā rege deque foedere Graeco

Post Cleomenis et Doriei mortes Leonidas rex Spartanorum e gente Agiadum factus est (490 a.Chr.n.[3]). Leonidas Gorgonem, Cleomenis filiam, in matrimonium duxit, quae ei filium Pleistarchum vocatum peperit.

Unā cum[12] Leonidā regnavit Leotychidas II. e gente Eurypontidum natus. Leonidas autem fortior fuit quam Leotychidas.

Ea tempora periculosa fuerunt. Persae enim Xerxe duce civitates Graecas iterum occupare in animo habuerunt (486 a.Chr.n.[3]). Quā de causā Graeci iterum magno in periculo

---

[12]   *unā cum* + *Abl.*: zeitgleich / at the same time

fuerunt. Alii Graeci se cladem[13] magnam accepturos esse credentes contra Persas bellum gerere noluerunt. Sponte suā se imperio Persarum subicere voluerunt. Alii autem se armis defendere in animo habuerunt.

Exercitus Persarum ingens fuit. Itaque Graeci, quorum civitates liberae et inter se legibus non coniunctae fuerunt, decreverunt se magnum inter se foedus facturos esse, ut civitates suas contra exercitum Persicum melius defendere possent. Hoc foedus vocatum est *foedus Graecum* (481 a.Chr.n.[3]). *Foedus Graecum* conditum est a trigintā et unā civitatibus Graecis, quarum Athenae et Corinthus maximi momenti fuerunt.

Consilio capto Leonidas, rex Spartanorum, dux huius foederis factus est.

---

13 *clades*, cladis f.: Niederlage / defeat

Capitulum Quintum
De bello Persico secundo
Pars I

Quarto anno post proelium Marathonis commissum et cladem acceptam Darius bellum novum contra Graecos paravit. Ille autem mortuus est anno 486 a.Chr.n.[3] Post eius mortem Xerxes patri suo successit.

Xerxes Darii filius consilia a patre suo capta persecutus est et novum contra civitates Graecas bellum terrā marique gerere constituit. Rex Persarum classem magnam et multa milia peditum[14] equitumque[15] habebat.

Xerxes ad Hellespontum, fretum[16] inter Europam et Asiam, pontem navibus

---

[14] *pedes*, peditis m.: Fußsoldat / infantry
[15] *eques*, equities m.: Reiterei / cavalry
[16] *fretum*, -i n.: Meerenge / strait

faciendum curavit ingentem exercitum suum ducturus per iter terrestre[17] in Graeciam (490 a. Chr.n.[3]).

Xerxes duxit exercitum suum per regiones Graecas septemtrionales[18]. Quamquam Spartani ad Isthmum Corinthium Persis repugnare voluit, Athenienses et alii socii decreverunt Graecos in loco quodam septemtrionaliori[18] repugnaturos esse.

Itaque consilium captum est Graecos contra Persos ad Thermopylas pugnaturos esse.

---

[17] *iter terrestre*, itineris terrestris: Landweg / country way, overland
[18] *septemtrionalis*, -e: nördlich / northern

XXVIII

Capitulum Sextum
De pugnā ad Thermopylas factā

Thermopylae sitae sunt in Phthiotide regione Graeciae mediae. Saltus[19] Thermopylarum vocatur locus angustus, qui est situs inter Callidromum montem et sinum Maliacum. Tempore antiquo saltus Thermopylarum fuit iter quoddam maximi momenti, quod duxit a sinu Maliaco in regiones Graecas meridianas[20].

Leonidas ergo Thermopylas occupavit conseditque[21] in hoc loco cum militibus Graecis, inter quos fuerunt non solum Spartani, sed etiam ex.gr.[22] Thespienses et Tegeates et Corinthii et Thebani.

---

19 *saltus*, -us m.: :Engpass, Schlucht / strait, canyon
20 *meridianus*, -a, -um: südlich / southern
21 *considere*, consido, consedi, consessum: sich aufstellen, Stellung beziehen / to take a stand
22 *ex.gr.* = *exempli gratiā*: zum Beispiel / for example

Persae quoque milites suos ad Thermopylas duxerunt.

Xerxes cum postularet, ut Graeci ab armis discederent[23], Leonidas, qui ab armis discedere[21] noluit, hosti respondisse dicitur haec: «Haec habeto! Modo capito!» (Graece: μολών λαβέ / *molōn labē*[24]).

His verbis auditis proelium magnum commissum est.

Graeci primum hostis impetum fortiter tulerunt. Totum diem acerrime pugnatum est. Persae autem milites Graecos loco depellere[25] non potuerunt. Graeci hostem proelio vincere

---

[23] *ab armis discedere*: die Waffen niederlegen, kapitulieren / to capitulate

[24] Theodisce: «Komm und hol sie dir!»; Anglice: «Come and take them!»

[25] *depellere*, depello, depuli, depulsum: vertreiben / to deviate

potuerunt. Persae a Graecis cladem accepit, sed bellum conficere[26] noluerunt.

Multos dies Graeci contra Persas fortiter pugnabant defendebantque se bene loci opportunitatibus. Xerxes frustra[27] speravit Graecos fugā se recepturos esse. Rex Persicus iratus contra Graecos misit manum specialem[28], quae vocabatur «Immortales». Qui autem eandem habuerunt sortem ut alii milites Persarum. Graeci enim eos superaverunt.

Innumerabilis Persarum multitudo a militibus Graecis interfecta est. Diu Persae nullo modo vincere potuerunt Graecos.

Tum autem Ephialtes, quidam transfuga[29] e Graecis, Xerxem regem adiit. Ephialtes

---

26 *conficere*, conficio, confeci, confectum: beenden / to finish off
27 *frustra* (Adv.): vergeblich / in vain
28 *manus specialis*, manus specialis f.: Spezialeinheit / special forces
29 *transfuga*, -ae m.: Überläufer / deserter

magnum praemium a Persis cupiens indicavit iis tramitem[30], qui per montes ad Thermopylas ferebat[31].

Statim Xerxes misit copias suas Graecos circumventuras. Exploratores[32] autem, qui a Graecis dispositi sunt, Leonidae nuntiavit manum exercitus Persici circum montem venire.

Graeci magno in periculo fuerunt. Leonidas enim scivit Persas exercitum Graecum deleturos esse. Nam vates[33] quidam, qui ad Thermopylas fuit, Graecis praedixerat eos primā luce[34] perituros esse[35].

Quid Graeci nunc faciant? Graeci sententias varias habebant: Alii dixerunt se

---

[30] *trames*, tramitis n.: Pfad, Weg / path, trail
[31] *ferre*, fero, tuli, latum: führen / to lead
[32] *explorator*, -oris m.: Späher / scout
[33] *vates*, -is m.: Seher, Weissager / prophet
[34] *primā luce*: bei Tagesanbruch / at daybreak
[35] perire, pereo, perii: umkommen, sterben / to die

loco excessuros[36] et in civitates suas recepturos esse. Alii autem dixerunt se contra hostes pugnaturos esse.

Leonidas autem dixisse dicitur se et trecentos Spartanos Thermopylas non deserturos esse, quia missi erant ad eas defendas. Alios socios Leonidas dimisit, ut in civitates eorum redire possent. Nullum exercitum ad Thermopylas mansit, nisi milites Thespienses et milites Thebani, qui sponte suā Thermopylas defendere maluerunt[37].

Sociis ergo dimissis trecenti Spartani unā cum paucis militibus et Thespiensibus et Thebanis Leonidā duce remanebant. Primā luce Xerxes contra Graecos impetum fecit. Acerrime pugnatum est. Spartani et Thespienses et Thebani impetum hostium

---

36 *loco excedere*: die Stellung aufgeben / to vacate a position
37 *malle*, malo, malui: lieber wollen, bevorzugen / to prefer

fortissime tulerunt. Ut traditur, tot milites Persici processerunt, ut multi eorum in mare pellerentur[38] vel alii ab aliis vivi conculcarentur[39].

Unus e Persiis clamavisse dicitur: «Exercitus noster magnus est! Propter numerum sagittarum nostrarum caelum non videbitis!» Deinde unus e Spartanis respondisse dicitur: «Pugnabimus ergo in umbrā!»

Leonidas autem ad milites suos fortissimos dixisse dicitur: «Pugnate animo forti! Hodie fortasse apud inferos cenabimus!»

Spartani hastis[40] gladiisque fortiter pugnabant. Tamen frustra pugnabant.

---

[38] *pellere*, pello, pepuli, pulsum: stoßen / to push
[39] *conculcare*, conculco, conculcavi, conculcatum: niedertreten / to trample down
[40] *hasta*, -ae f.: Lanze, Speer / spear

XXXV

Leonidas rex et multi alii Spartani illustres interfecti sunt.

Ubi Leonidas fortissime pugnans interfectus est, pugna cadaveris[41] eius orta est. Spartani enim Leonidam mortuum hostibus concedere[42] noluerunt. Diu pugnabant. Denique autem Spartani cadaver ducis sui secum ferre potuerunt.

Graeci cum fortissime pugnavissent, tamen a Persis superati sunt. Omnes Spartani et Thespienses et Thebani, qui ad Thermopylas pugnabant, a Persis occisi sunt.

---

[41] *cadaver*, cadaveris n.: Leichnam / dead body
[42] *concedere*, concedo, concessi, concessum: überlassen / to concede

Capitulum Septimum
De bello Persico secundo
Pars II

Spartanis et sociis occisis Persae etiam Graecos in pugnā navali ad Artemisium factā vincere potuerunt.

Ingens exercitus Persicus Athenas profectus est.

Eo tempore unus e prudentissimis Atheniensibus fuit Themistocles. Themistocles annis 493/492 a.Chr.n.[3] summus Atheniensium magistratus electus est. Itaque Themistocles dux Atheniensium fuit.

Themistocles ergo, qui sciebat Persas totam Graeciam invasuros esse, nuntios misit Delphos oraculum consultum. Nuntiis Pythia respondit, ut Athenienses muris ligneis[43] se defenderent. Oraculo dato nuntii celeriter Athenas profecti sunt.

Quamquam nemo civium responsum ab Apolline deo datum intellexit, Themistocles iis persuasit consilium Apollinis esse, ut classem magnam aedificarent. Themistocles enim deum naves muros ligneos vocavisse dixit. Multae ergo naves ab Atheniensibus aedificatae sunt.

Anno 480 a.Chr.n.[3] Xerxes cum copiis suis Athenas occupavit. Priusquam autem Xerxes cum suis Athenas venerat, Athenienses propter Leonidae eiusque militum fortitudinem tempus habuerunt ad urbem relinquendam. Multi civium Atheniensium in Salaminem insulam prope Athenas sitam fugerunt. Nemo in urbe fuit, nisi pauci, qui Athenas relinquere noluerat.

---

[43] *ligneus*, -a, -um: hölzern / wooden

Urbs tota a Persis direpta[44] est. Omnibus civibus interfectis, qui in urbe inventi erant, Persae incendio deleverunt non solum aedificia publica ac privata, sed etiam deorum dearumque templa.

Urbe deletā non solum Athenienses, sed etiam alii Graeci, qui cum Atheniensibus contra Persas pugnare voluerant, maxime perturbati fuerunt. Plerique eorum voluerunt relinquere in civitates suas, ut intra muros se defenderent.

Iis autem Themistocles dixit eos omnes dispersos[45] a Persis superaturos esse; universos autem Graecos melius pugnaturos victurosque esse. His verbis auditis Graeci decreverunt, ut universi contra Persas pugnarent. Eurybiadus, rex Spartanorum, praefuit classi Graecae.

---

[44] *diripere*, diripio, diripui, direptum: plündern / to plunder
[45] dispergere, dispergo, dispersi, dispersum: zerstreuen / to spread

Themistocles dolo quodam Persas ad pugnam elicuit[46]:

Misit enim nuntium ad Xerxem, qui regi Persarum nuntiavit Graecos fugam capere. Praeterea nuntius ad regem dixit eum maiore labore bellum contra singulas civitates confecturum esse, si Graeci discessissent; si autem Persae statim contra Graecos pugnaret, eum tempore brevi universos Graecos superaturum esse. Hoc consilium Xerxi placuit deditque pugnae signum[47].

Pugna navalis ad Salaminem insulam commissa est. Graeci classem ducentarum fere septuaginta navium habuerunt, quarum ducentae naves Atheniensibus fuerunt. Xerxi autem classis mille ducentarum et septem navium fuit.

---

[46] *elicere*, elicio, elicui, elicitum: verlocken, reizen / to elicit
[47] *signum dare*: zum Angriff blasen / to prepare to fight

Locus, in quo pugna navalis commissa est, iniquus[48] erat. Persae difficultates habuerunt navibus suis. Fuerunt enim Persarum naves et graviores et maiores quam Graecorum, quorum naves erant leves celeresque. Hāc in pugnā maior pars navium hostilium deleta est.

Diu pugnatum est. Denique Graeci classem Persicam superaverunt.

Xerxes in litore stans cladem acceptam intellexit. Cum copiis suis se recepit. Xerxes cum alterā parte copiarum suarum se recepit in Asiam Minorem. Paulo post Xerxes Persepolem reversus esse dicitur. Maior autem altera pars copiarum Mardonio duce, imperatore Persico, se in Thessaliam regionem recepit. Quā in regione Mardonius cum suis hibernavit[49].

---

48 *iniquus*, -a, -um: ungünstig / unfair, unfavorable
49 *hibernare*, hiberno, hibernavi, hibernatum: überwintern / to winter

Postero anno Mardonius cum militibus suis Athenas iterum occupavit delevitque. Deinde prope Plataeas novum proelium magnum commissum est. Quo in proelio Graeci Pausaniā duce, rege Spartanorum, Mardonium et alios Persas vicerunt. Mardonius et multi alii Persae interfecti sunt.

Proelio confecto exercitus Persicus e Graeciā fugit.

Eodem fere tempore victa est etiam classis Persica a classe Graecorum in alterā pugnā navali ad Mycalem, promuntorium[50] Ionium, commissā.

Graeci denique Persas superaverunt liberaveruntque patriam suam!

---

[50] *promuntorium*, -i n.: Vorgebirge / promontory

Capitulum Octavum
De honore dato

G raeci Xerxem militesque eius superaverunt et totam Graeciam a Persis liberaverunt. Duces imperatoresque et milites Graecorum, ut Themistocles et Eurybiadus et multi alii, Persas vicerunt et hostes Graeciā expulerunt[51].

Graeciā liberatā Graeci non solum milites vivos celebraverunt, sed etiam mortuos. Itaque Leonidas militesque ad Thermopylas pugnantes non solum apud Athenienses aliosque Graecos, sed etiam praesertim apud Spartanos magno in honore erant. Spartani fortitudinem Leonidae suorumque militum trecentorum celebraverunt.

---

[51] *expellere*, expello, expuli, expulsum: vertreiben / to banish

Cum enim Leonidas suique Persas ad Thermopylas tenerent, Athenienses et alii Graeci tempus habuerunt se melius ad impetum Persicum parare. Nisi ergo Leonidas cum militibus suis Persas paulisper[52] retinuisset, ceteri Graeci tempus non habuisset se ad impetum Persicum parare.

Cum Leonidae cadaver Spartam ferretur et ibi sepeliretur[53], multi alii milites, qui sunt ad Thermopylas interfecti, eodem loco sepulti sunt. Ad honorem militum ad Thermopylas fortiter pugnantium stela quaedam erecta est, in quā Graece scriptum erat haec:

«Ὦ ξεῖν᾽, ἀγγέλλειν Λακεδαιμονίοις ὅτι τῇδε κείμεθα τοῖς κείνων ῥήμασι πειθόμενοι.»[54]

---

[52] *paulisper* (Adv.): für kurze Zeit, eine Zeit lang / for only a short time

[53] *sepelire*, sepelio, sepelivi, sepultum: begraben / to bury

[54] Haec verba traduntur ab Herodoto, scriptore Graeco, qui de bellis inter Graecos et Persas commissis copiose scripsit (cfr. Herodotus VII, 228).

DIC HOSPES SPARTAE NOS
TE HIC VIDISSE IACENTES
DUM SANCTIS PATRIAE
LEGIBUS OBSEQUIMUR

XLV

Latine:

> «Dic, hospes, Spartae nos te hic vidisse
> iacentes, dum sanctis patriae legibus
> obsequimur.»[55]

Spartanorum fortitudo non solum temporibus antiquis celebrata est, sed etiam celebratur temporibus nostris.

Leonidas, quoniam iter exercitus Persici impediverat, potestatem fecit Atheniensibus aliisque Graecis eos se melius parare ad bellum.

Leonidae fortitudinis causā Graeci Persos superavisse dicitur. Itaque multi homines pu-

---

[55] Haec verba e Graeco in Latinum convertit Marcus Tullius Cicero (Tusculanae disputationes 1,101). Theodisce: «Wanderer, kommst du nach Sparta, verkünde dort, du hast uns hier liegen gesehn, wie das Gesetz es befahl.» – Anglice: «Oh stranger, tell the Lacedaemonians that we lie here, obedient to their words.»

tant Leonidam unum e viris, qui parabant illud
tempus, in quo floruerunt res Graecae.

Index verborum

animus, -i m.	Sinn, Geist / mind
in animo habere	vorhaben / to have something in mind
annus, -i m.	Jahr / year
ante (+ *Akk.*)	vor / before
a.Chr.n. = ante Christum natum	vor Christi Geburt / before Christ
antequam	bevor, ehe / before
antiquus, -a, -um	alt, antik / old, ancient
appellare, appello, appellavi, appellatum	nennen, bezeichnen / to call, to name
apud (+ *Akk.*)	bei / at, by, near
arbitrium, -i n.	Urteil, Macht / decision
arma, -orum n. (*Pl.*)	Waffen / weapons
ars, artis f.	Kunst / art
atque = ac	und / and
audire, audio, audivi, auditum	hören / to hear
augere, augeo, auxi, auctum	vergrößern / to enlarge
autem	aber / however
auxilium, -i n.	Hilfe / help

B

bellum, -i n.	Krieg / war
bene	gut / well
bonus, -a, -um	gut / good

brevis, -e	kurz / short

C

cadaver, cadaveris n.	Leichnam / dead body
caelum, -i n.	Himmel / sky
campus, -i m.	Ebene, Feld / plain, field
canere, cano, cecini	singen / to sing
capio, capis, capere, cepi, captum	fassen, ergreifen / to seize, to grasp
caput, capitis n.	Hauptstadt; Kopf / capital; head
causa, -ae f.	Grund / cause, reason
quā de causā	daher, deshalb / therefore, hence
celebrare, celebro, celebravi, celebratum	feiern / to celebrate
celer, celeris, celere	schnell / fast, speedy
cenare, ceno, cenavi, cenatum	speisen, zu Abend essen / to dine
certe	sicherlich / certainly
ceteri, ceterae, cetera	die Übrigen / the others
circum (+ *Akk.*)	um ... herum / around
circumvenire, circumvenio, circumveni, circumventum	umgeben, umzingeln / to enclose
civis, -is m.	Bürger / citizen
civitas, civitatis f.	Stadt; Staat / city; state
clades, cladis f.	Niederlage / defeat
clamare, clamo, clamavi, clamatum	rufen, schreien / to cry

clarus, -a, -um	berühmt / famous
classis, -is f.	Flotte / fleet
colere, colo, colui, cultum	bebauen; verehren / to cultivate; to worship
committere, committo, commisi, commissum	begehen, beginnen / to commit, to begin
concedere, concedo, concessi, concessum	überlassen / to concede
concilium, -i n.	Versammlung / council
concilium senum	Ältestenrat / council of elders
conculcare, conculco, conculcavi, conculcatum	niedertreten / to trample down
condere, condo, condidi, conditum	gründen / to found
conficere, conficio, confeci, confectum	beenden / to finish off
coniungere, coniungo, coniunxi, coniuntum	verbinden / to connect
considere, consido, consedi, consessum	sich aufstellen, Stellung beziehen / to take a stand
consilium, -i n.	Beschluss, Plan / decision, plan
constituere, constituo, constitui, constitutum	beschließen / to decide
consulere, consulo, consului, consultum	befragen / to ask, to consult
contra (+ *Akk.*)	gegen / against
convocare, convoco, convocavi, convocatum	zusammenrufen / to bring together
copiae, -arum f.	Truppen / forces

corpus, corporis n.	Körper / body
credere, credo, credidi, creditum	glauben / to believe
cum (+ *Abl.*)	mit / with
cum (+ *Ind.*)	when, whenever
cum (+ *Konj.*)	when, since, after
cupere, cupio, cupivi, cupitum	wünschen, begehren / to wish, to desire
curare, curo, curavi, curatum	sorgen; lassen / to arrange
custodire, custodio, custodivi, custoditum	bewachen / to protect

D

dare, do, dare, dedi, datum	geben / to give
de	über / about, concerning
dea, -ae f.	Göttin / goddess
debere, debeo, debui, debitum	müssen / to have to
decernere, decerno, decrevi, decretum	entscheiden / to decide
dedere, dededo, dedidi, deditum	preisgeben, ausliefern / to capitulate
defendere, defendo, defendi, defensum	verteidigen / to defend
deinde	dann / then, next
delere, deleo, delevi, deletum	zerstören / to delete
denique	schließlich / finally
depellere, depello, depuli, depulsum	vertreiben / to deviate

deserere, desero, deserui, desertum	verlassen, desertieren / to desert
deus, -i m.	Gott / god
dico, dicis, dicere, dixi, dictum	sagen / to say
dies, diei m.	Tag / day
difficilis, -e	schwierig / difficult
difficultas, -atis f.	Schwierigkeit / difficulty
dimittere, dimitto, dimisi, dimissum	wegschicken / to dismiss
diripere, diripio, diripui, direptum	plündern / to plunder
discalceatus, -a, -um	barfuß / barefoot
discedere, discedo, discessi, discessum	weggehen / to go away
ab armis discedere	die Waffen niederlegen / to capitulate
dispergere, dispergo, dispersi, dispersum	zerstreuen / to spread
disponere, dispono, disposui, dispositum	aufstellen, verteilen / to set, to distribute
diu	lange / a long time
dividere, divido, divisi, divisum	teilen / to divide
dolor, doloris m.	Schmerz / pain
dolus, -i m.	List, Trick / trick
domus, domus f.	Haus / house
ducenti	zweihundert/twohundred
ducenti septem	zweihundertsieben / two hundred seven

ducenti septuaginta	zweihundersiebzig / two hundred seventy
duco, ducis, ducere, duxi, ductum	führen / to lead
in matrimonium ducere	heiraten / to marry
duo, duae, duo	zwei / two
dux, ducis m.	Anführer / leader
Leonidā duce	unter der Führung von Leonidas / With Leonidas as leader

E

e, ex	aus, heraus / out of, from
educare, educo, educavi, educatum	erziehen / to educate
ego	ich / I, me
elicere, elicio, elicui, elicitum	verlocken, reizen / to elicit
eligere, eligo, elegi, electum	auswählen / to choose
enim	nämlich / namely
eques, equitis m.	Reiterei / cavalry
ergo	also / so
erigere, erigo, erexi, erectum	errichten, aufstellen / to erect, to build
esse, sum, fui	sein / to be
et	und / and
et ... et	sowohl ... als auch / as well as
etiam	auch / also, as well

non solum … sed etiam	nicht nur … sondern auch / not only ... but also
excedere, excedo, excessi, excessum	herausgehen / to go out, to pass
e vitā excedere	sterben / to die
loco excedere	die Stellung aufgeben / to vacate a position
exercere, exerceo, exercui, exercitum	trainieren / to train
exercitus, -us m.	Heer, Armee / army
expellere, expello, expuli, expulsum	vertreiben / to banish
explere, expleo, explevi, expletum	erfüllen, vollenden / to complete
explorator, -oris m.	Späher / scout

F

fabula, -ae f.	Geschichte / story
facere facio, feci, factum	tun, machen / to make, to do
fere	fast, beinahe / almost
ferre, fero, tuli, latum	tragen, bringen; ertragen; führen / to bring, to bear, to get; to lead
tramitem ferre	the path leads to ...
festum, -i n.	Fest, Feier / festivity
filia, -ae f.	Tochter / daughter
filius, -i m.	Sohn / son
finis, finis m.	Ende; Grenze / end; border

florere, floreo, florui	blühen; glänzen/ to flourish
foedus, foederis n.	Bund, Vertrag / treaty, league
fortasse	vielleicht / perhaps
fortis, -e	tapfer / brave, strong
fortitudo, fortitudinis f.	Tapferkeit / strength
fortuna, -ae f.	Schicksal / fate
fretum, -i n.	Meerenge / strait
frustra	vergeblich / in vain
fugere, fugio, fugi	fliehen / to flee
fuga, -ae f.	Flucht / escape
fungi, fungor, functus sum	erledigen, verrichten / to execute

G

gens, gentis f.	Geschlecht / family
gerere, gero, gessi, gestum	führen, verwalten / to manage
gladius, -i m.	Schwert / sword
Graecus, -a, -um	griechisch / Greek
gravis, -e	stark, schwer / heavy

H

habeo, habes, habere, habui, habitum	haben / to have
tempus habere	Zeit haben / to have time
hasta, -ae f.	Lanze, Speer / spear

hibernare, hiberno, hibernavi, hibernatum	überwintern / to winter
hic, haec, hoc	dieser, diese, dieses / this
historia, -ae f.	Geschichte / history
hodie	heute / today
homo, hominis m.	Mensch / man
honor, honoris m.	Ehre / honour
hostilis, -e	feindlich / hostile
hostis, -is m.	Feind / enemy

I

iacere, iaceo, iacui	liegen / to lie
iam	schon / already
non iam	nicht mehr / no longer
ibi	dort / there, in that place
idem, eadem, idem	derselbe, dieselbe, dasselbe / the same
ignotus, -a,- um	unbekannt / unknown
ille, illa, illud	jener, jene, jenes / that one
illustris, -e	berühmt / famous
immortalis, -e	unsterblich / immortal
impedire, impedio, impedivi, impeditum	abhalten; versperren / to impede
imperator, -oris m.	Feldherr / general
imperium, -i n.	Reich; Herrschaft / empire; command

impetus, impetus m.	Angriff; Begeisterung / attack; attempt
in (+ *Akk.* / +*Abl.*)	in, nach / in, into
incendium, -i n.	Brand, Feuer / fire
incipere, incipio, coepi, coeptum	beginnen / to begin
incola, -ae m.	Einwohner / resident
incolere, incolo, incolui, incultum	bewohnen / to inhabit
indicare, indico, indicavi, indicatum	sagen, melden / to proclaim, to say
inferi, -orum m.	die Toten; Unterwelt / the dead people; underworld
ingens, ingentis	gewaltig / huge
iniquus, -a, -um	ungleich, ungünstig / unfair, unfavorable
locus iniquus	ungünstige Stelle / unfavorable place
innumerabilis, -e	unzählbar, zahllos / innumerable, numberless
instituere, instituo, institui, institutum	einführen, einrichten / to set up, to make
institutio, -onis f.	Unterricht / education
intellegere, intellego, intellexi, intellectum	verstehen, erkennen / to understand, to realize
inter (+ *Akk.*)	zwischen, unter / between, among
interficere, interficio, interfeci, interfectum	töten / to kill
interrogo, interrogas, interrogare, interrogavi, interrogatum	fragen / to ask

intra (+ *Akk.*)	innerhalb / within, inside
invadere, invado, invasi, invasum	eindringen, angreifen / to invade
invenire, invenio, inveni, inventum	finden / to find
ipse, ipsa, ipsum	(er, sie, es) selbst / himself, herself, itself
iratus, -a, -um	zornig / angry
ire, eo, ii, itum	gehen / to go
is, ea, id	dieser, diese, dieses / he, she, it
itaque	deshalb / therefore
iter, itineris n.	Weg; Reise / road, journey
iter terrestre	Landweg / country way, overland
iterum	wieder / again
ius, iuris n.	Recht / law, right

L

labor, -oris m.	Mühe / labour
laudare, laudo, laudavi, laudatum	loben / to praise
legatus, -i m.	Gesandter / legate
legere, lego, legi lectum	lesen / to read
levis, -e	leicht / light in weight
lex, legis f.	Gesetz / law
libenter	gerne / gladly
liberare, libero, liberavi, liberatum	befreien / to free

liberus, -a, -um	frei / free
liberi, -orum m.	Kinder / children
licet	es ist erlaubt / it is permitted
ligneus, -a, -um	hölzern / wooden
litus, litoris n.	Küste / coast
locus, -i m.	Platz, Stelle / place, position
lux, lucis f.	Licht, Tageslicht / light, daylight
primā luce	bei Tagesanbruch / at daybreack

M

magister, magistri m.	Lehrer / teacher
magistratus, -us m.	Amt; Beamter / office; magistrate
magnus, -a, -um	groß / large, big
maior (*m./f.*) , maius (*n.*)	größer / bigger
malle, malo, malui	lieber wollen, bevorzugen / to prefer
manere, maneo, mansi, mansum	bleiben / to stay, to remain
manus, -us f.	Hand; Gruppe, Mannschaft / hand; band, team
manus specialis	Spezialeinheit / special forces
mare, maris n.	Meer / sea
matrimonium, -i n.	Ehe / marriage
in matrimonium ducere	heiraten / to marry
maximus, -a, -um	sehr groß / great

LX

maximi momenti	wichtig / important
medius, -a, -um	mittlere / middle
melius	besser / better
meridianus, -a, -um	südlich / southern
meus, -a, -um	mein / my
miles, militis m.	Soldat / soldier
militare, milito, militavi, militum	Kriegsdienst leisten / to serve as soldier
militaris, -e	militärisch / military
mille, milia, milium	tausend / thousand
mittere, mitto, misi, missum	schicken / to send
modus, -i m.	Art, Weise / manner, mode
momentum, -i n.	Bedeutung / importance
maximi momenti	wichtig / important
mons, montis m.	Berg / mountain
mori, morior, mortuus sum	sterben / to die
mors, mortis f.	Tod / death
mortuus, -a, -um	tot / dead
mox	bald / soon
multi, -ae, -a	viele / many
multitudo, -inis f.	Menge, große Anzahl / great number, crowd
munus, muneris n.	Aufgabe / obligation
murus, -i m.	Mauer / wall
mythicus, -a, -um	mythisch / mythical

N

natus, -a, -um	geboren / born
navalis, -e	zum Schiff gehörend, Schiff... / naval
pugna navalis	Seeschlacht / naval battle
navis, navis f.	Schiff / ship
nemo	niemand / nobody
neque ... neque	weder ... noch / neither ... nor
nisi	wenn nicht / if not
nihil nisi	nichts außer / nothing except
nolle, nolo, nolui	nicht wollen / to wish not to
nomen, nominis n.	Name / name
non	nicht / not
nonnulli, -ae, -a	einige / some, a few
noster, nostra, nostrum	unser / our
novus, -a, -um	neu / new
nox, noctis f.	Nacht / night
nullus, -a, -um	keiner, keine, keines / no one
numerus, -i m.	Zahl / number
nunc	jetzt / now
nuntiare, nuntio, nuntiavi, nuntiatum	melden / to report
nuntius, -i m.	Bote / courier

O

obsequi, obsequor, obsecutus sum	gehorchen / to obey
occidere, occido, occidi, occisum	töten, sterben / to kill, to die
occupare, occupo, occupavi, occupatum	erobern; besetzen / to occupy
olim	einst / once
omnis, -e	jeder / every
omnes, omnium	alle / all
opportunitas, -atis f.	Gelegenheit; günstige Lage / opportunity
oraculum, -i n.	Orakel / oracle
origo, originis f.	Herkunft / origin
oriri, orior, ortus sum	entstehen, entspringen / to rise, to be born

P

parare, paro, paravi, paratum	vorbereiten / to prepare
parentes, parentum m.	Eltern / parents
parere, pareo, parui	gehorchen / to obey
parere, pario, peperi, partum	gebären / to give birth to
pars, partis f.	Teil / part
paeninsula, -ae f.	Halbinsel / peninsula
pars, partis f.	Teil / part
pater, patris m.	Vater / father
patria, -ae f.	Heimat / home, native land

pauci, paucae, pauca	wenige / few
paulisper	für kurze Zeit / for only a short time
pedes, peditis m.	Fußsoldat / infantry
pellere, pello, pepuli, pulsum	stroßen / to push
penes (+ *Akk.*)	im Besitz / in the hands of
pensum, -i n.	Aufgabe / task, function
per (+ *Akk.*)	durch, über / through
periculum, -i n.	Gefahr / danger
perire, pereo, perii, peritum	umkommen, sterben / to die
persequi, persequor, persecutus sum	folgen / to follow up
persuadere, persuadeo, persuasi, persuasum	überzeugen, überreden / to persuade
pertinere, pertineo, pertinui	sich erstrecken / to extend
perturbatus, -a, -um	bestürzt / troubled
peto, petis, petere, petivi, petitum	aufsuchen, bitten / to reach towards, to ask
plerique, pleraeque, pleraque	die meisten / most people
politicus, -a, -um	politisch / political
pons, pontis m.	Brücke / bridge
populus, -i m.	Volk / people
posse, possum, potui	können / to be able
post (+ *Akk.*)	nach; hinter / after; behind
postulare, postulo, postulavi, postulatum	fordern / to demand

postea	später / afterwards
posterus, -a, -um	nachfolgend / following
postremo	schließlich / finally
potentia, -ae f.	Macht, Herrschaft / power, political power
potestas, potestatis f.	Macht; Gelegenheit / power; opportunity
potestatem facere	die Möglichkeit geben / to provide an opportunity
praedicere, praedico, praedixi, praedictum	vorhersagen, prophezeien / to predict
praemium, -i n.	Belohnung / reward
praeesse, praesum, praefui	vorstehen / to be head of
praesertim	besonders / especially
praeterea	außerdem / besides
primus, -a, -um	der erste / first
primā luce	bei Tagesanbruch / at daybreak
primum	zuerst / at first
priusquam	bevor, ehe / before
privatus, -a, -um	privat / private
procedere, procedo, processi, processum	Nachfolgen, nachrücken / to proceed, to appear
proelium, -i n.	Schlacht / battle
proficisci, proficiscor, profectus sum	aufbrechen / to depart
progenitor, -oris m.	Stammvater / ancestor
promuntorium, -i n.	Vorgebirge / promontory

prope (+ *Akk.*)	in der Nähe von / close by
propter (+ *Akk.*)	wegen / because of
prudens, prudentis	klug / skilled
publicus, -a, -um	öffentlich / public
puer, pueri m.	Bub / boy
pugna, -ae f.	Kampf / fight
pugna navalis	Seeschlacht / naval battle
pugnare, pugno, pugnavi, pugnatum	kämpfen / to fight
pulcher, pulchra, pulchrum	schön / beautiful
putare, puto, putavi, putatum	glauben; halten für / to think, to believe

Q

quam	als / than
quamquam	obwohl / although
quartus, -a, -um	der vierte / fourth
-que	und / and
quia	weil / because
qui, quae, quod	welcher, welche, welches / who, which
quid	was / what
quidam, quaedam, quoddam	ein (gewisser) / a certain one
quidam, quaedam, quaedam (*Pl.*)	einige / some, a few
quis	wer / who

quod	weil, dass / because
quomodo	wie / how
quoniam	weil / because
quoque	auch / also

R

recipere, recipio, recepi, receptum	zurücknehmen / to take back
se recipere	sich zurückziehen / to retreat
redire, redeo, redii, reditum	zurückgehen, zurückkehren / to return, to go back
regio, -onis f.	Gebiet, Gegend / area, region
regnare, regno, regnavi, regnatum	regieren / to reign
relinquere, relinquo, reliqui, relictum	verlassen / to leave
remanere, remaneo, remansi, remansum	zurückbleiben / to remain
repugnare, repugno, repugnavi, repunatum	Widerstand leisten / to fight back
res, rei f.	Sache / thing
respondeo, respondes, respondere, respondi, responsum	antworten / to answer
retinere, retineo, retinui, retentum	aufhalten, zurückhalten / to hold back
reverti, revertor, reversus sum	zurückkehren / to go back
rex, regis m.	König / king

Romanus, -a, -um	römisch / Roman

S

sacerdos, sacerdotis m.	Priester / priest
sacrificium, -i n.	Opfer / sacrifice
saeculum, -i n.	Jahrhundert / century
sagitta, -ae f.	Pfeil / arrow
saltus, -us m.	Engpass, Schlucht / strait, canyon
sanctus, -a, -um	heilig / holy
sapiens, sapientis	weise / wise
scio, scis, scire, scivi, scitum	wissen / to know
scribere, scribo, scripsi, scriptum	schreiben / to write
se	sich / himself, herself
secundus, -a, -um	der zweite / second
sed	sondern, aber / but
sedare, sedo, sedavi, sedatum	unterdrücken / to down
seditionem sedare	einen Aufstand niederschlagen / to put down a rebellion
seditio, -onis f.	Aufstand / rebellion
seditionem sedare	einen Aufstand niederschlagen / to put down a rebellion
seditiosus, -a,- um	aufständisch, rebellisch / mutinous
semper	immer / always
senatus, -us m.	Senat / senate
sententia, -ae f.	Meinung / opinion

senex, senis m.	Greis / old man
sepelire, sepelio, sepelivi, sepultum	begraben / to bury
septem	sieben / seven
septemtrionalis, -e	nördlich / northern
septimus, -a, -um	der siebte / seventh
servitus, -utis f.	Sklaverei / slavery
servus, -i m.	Sklave / slave
severus, -a, -um	streng / severe, strict
si	wenn, falls / if
sic	so / thus, so
signum, -i n.	Zeichen, Signal / sign, signal
signum dare	zum Angriff blasen / to prepare to fight
similis, -e	ähnlich / similar
sine (+ *Abl.*)	ohne / without
singuli, -ae, -a	einzeln / single
sinus, -us m.	Bucht, Golf / bay
situs, -a, -um	gelegen / situated
socius, -i m.	Gefährte, Verbündeter / companion, ally
solus, -a, -um	allein, nur / only
non solum ... sed etiam	nicht nur ... sondern auch / not only ... but also
sors, sortis f.	Schicksal, Los / fate, lot
specialis, -e	besonders / special

manus specialis	Spezialeinheit / special forces
sperare, spero, speravi, speratum	hoffen / to hope
sponte suā	freiwillig / voluntary, by choice
stare, sto, steti, statum	stehen / to stand
statim	sofort / immediately
stela, -ae f.	(Grab-)Säule / pillar
subicere, subicio, subieci, subiectum	unterordnen / to subordinate
subigere, subigo, subegi, subactum	unterwerfen / to conquer
subire, subeo, subii, subitum	ertragen / to endure
subito	plötzlich / suddenly
subvenire, subvenio, subveni, subventum	zu Hilfe kommen / to come to help
succedere, succedo, successi, successum	nachfolgen / to follow
suffragium, -i n.	Wahlrecht / suffrage
suffragium ferre	abstimmen / to vote
superare, supero, superavi, superatum	besiegen, übertreffen / to overcome, to conquer
summus, -a, -um	der höchste / the highest
suus, sua, suum	sein, ihr / his, her

T

tamdiu	so lange / so long
tamen	dennoch / nevertheless

tantum	nur / only, just
templum, -i n.	Tempel / temple
tempus, temporis n.	Zeit / time
tempus habere	Zeit haben / to have time
tenere, teneo, tenui, tentum	halten, zurückhalten / to hold out
terra, -ae f.	Land, Erde / land, earth
terrestris, -e	zum Land gehörig, Land- / by or on land, terrestrial
iter terrestre	Landweg / country way, over-land
tibi	dir / to you, for you
timere, timeo, timui	fürchten / to be afraid of
tolerare, tolero, toleravi, toleratum	ertragen / to endure
tot	so viele / so many
totus, -u, -um	ganz / whole
tradere, trado, tradidi, traditum	überliefern / to tell
trames, tramitis n.	Pfad, Fußweg / path, trail
tramitem ferre	the path leads to ...
transfuga, -ae m./f.	Überläufer(in) / deserter
tres (m./f.), tria (n.)	drei / three
trecenti, -ae, -a	dreihundert / three hundred
triginta unus	einunddreißig / thirty one
tu	du / you
tum	dann / then

tunc	dann / then
tuus, -a, -um	dein / your (*singular*)

U

ubi	wo / where
ubi (+ *Perfekt*)	sobald / when, as
ulcisci, ulciscor, ultus sum	rächen / to avenge
umbra, -ae f.	Schatten / shade
unus, una, unum	ein, eine, eines / one, only one
unā cum	zeitgleich / at the same time
triginta unus	einundreißig / thirty one
universi, -ae, -a	alle zusammen / everyone
urbs, urbis f.	Stadt / city
usque ad (+ *Akk.*)	bis zu / up to
ut (+ *Ind.*)	wie / like
ut (+ *Konj.*)	dass, damit, um … zu / so that, in order to
uxor, uxoris f.	Ehefrau / wife

V

varius, -a, -um	verschieden / different
vates, -is m.	Seher, Weissager / prophet
vel	oder / or
velle, volo, volui	wollen / to want

venio, venis, venire, veni, ventum	kommen / to come
verberatio, -onis f.	Bestrafung / punishment
verbum, -i n.	Wort / word
via, -ae f.	Straße / street, road
vicinus, -a, -um	benachbart / nearby
videre, video, vidi, visum	sehen / to see
vinco, vincis, vincere, vici, victum	siegen, besiegen / to defeat, to conquer
vir, viri m.	Mann / man
virilis, -e	männlich / male
vis f. (Pl. vires)	Kraft, Stärke / strength
vita, -ae f.	Leben / life
e vitā excedere	sterben / to die
vivus, -a, -um	lebendig / alive
voco, vocas, vocare, vocavi, vocatum	rufen / to call

Index nominum et locorum

Delphi, -orum m.	Delphi, Sitz des Orakels / Delphi, seat of the oracle
Dorieus, -i m.	Dorieus, Bruder des Leonidas I. / Dorieus, brother of Leonidas I.
Ephesus, -i f.	Ephesos, Stadt in Kleinasien / Ephesus, city in Asia Minor
Ephialtes, -is m.	Ephialtes von Trachis, Verräter / Ephialtes of Trachis, traitor
Ephori, -orum m.	Ephoren, hohe politische Amtsträger in Sparta / Ephors, high political leaders in Sparta
Eretria, -ae f.	Eretria, Stadt auf Euböa / Eretria, town in Euboaea
Eretrii, -orum .	Eretrier, Einwohner von Eretria / Eretrians, citizens of Eretria
Europa, -ae f.	Europa, Kontinent / Europe, continent
Eurybiadus, -i m.	Eurybiades, Flottenbefehlshaber / Eurybiades, commander of the fleet
Eurypontides, -um m.	Eurypontiden, Königsgeschlecht in Sparta / Eurypontids, dynasty of kings in Sparta
Gorgo, -onis f.	Gorgo, Ehefrau von Leonidas I. / Gorgo, wife of Leonidas I.
Graecia, -ae f.	Griechenland / Greece
Hellespontus, -i m.	Hellespont, Dardanellen / Hellespont, Dardanelles
Hilotae, -arum .	Heloten, rechtlose Einwohner von Messenien / Helots, inhabitans of Messenia without rights
Immortales, -ium m.	„Die Untersterblichen", Spezialeinheit innerhalb der persischen Armee / „The Immortal", special forces within the Persian army
India, -ae f.	Indien / India
Ionicus, -a, -um	ionisch / Ionic
Isthmus Corinthius m.	Isthmos von Korinth, Meerenge / Isthmus of Corinth, strait
Iuppiter, Iovis m.	Zeus (röm. Jupiter) / Zeus (Roman Jupiter)
Lacedaemon, -onis f.	Lakedaimon, ein anderer Name von Sparta / Lacedaemon, another name of Sparta
Lacedaemonii, -orum m.	Lakedaemonier, Einwohner von Sparta / Lacedaemonians, citizens of Sparta
Laconia, -ae f.	Lakonien, Landschaft auf der Peloponnes / Laconia, region of the Peloponnese

Leonidas, -ae m.	Leonidas I., König von Sparta / Leonidas I., king of Sparta
Leotychidas, -ae m.	Leotychidas II., König von Sparta zusammen mit Leonidas I. / Leotychidas II., king of Sparta (together with Leonidas I.)
Lycurgus, -i m.	Lykurg, Gesetzgeber von Sparta / Lycurgus, lawgiver of Sparta
Lydi, -orum m.	Lyder, Volk in Kleinasien / Lydians, population in Asia Minor
Macedonia, -ae f.	Makedonien / Macedonia
Marathon,Marathonis m.	Marathon / Marathon
Mardonius, -i m.	Mardonios, persischer Feldherr / Mardonius, Persian general
Messenia, -ae f.	Messenien, Landschaft auf der Peloponnes / Messenia, region of the Peloponnese
Miletus, -i m.	Milet, Stadt in Kleinasien / Miletus, city in Asia Minor
Miltiades, -is m.	Miltiades, athenischer Feldherr / Miltiades, Athenian general
Musa, -ae f.	Muse, Göttin der Künste / Muse, goddess of arts
Mycale, -es f.	Vorgebirge in Ionien, gegenüber der Insel Samos / Mountain in Ionia, opposite to the island of Samos
oraculum, -i n.	Orakel / oracle
Pausanias, -ae m.	Pausanias, König von Sparta / Pausanias, king of Sparta
Peloponnesus, -i f.	Peloponnes, Halbinsel in Süd-Griechenland / Peloponnese, peninsula in southern Greece
Perioeci, -orum m.	Periöken, Bevölkerungsschicht in Sparta / Perioeci, free inhabitants of Sparta
Persae, -arum m.	Perser / Persians
Persepolis, -is m.	Persepolis, Hauptstadt des Perserreiches / Persepolis, main capital of the Persian empire
Persicus, -a, -um	persisch / Persian
Phthiotis, Phthiotidis f.	Phthiotis, Landschaft in Mittelgriechenland / Phthiotis, region in Central Greece
Plataeae, -arum f.	Plataia, Stadt in Böotien / Plataea, city in Boeotia
Plataeenses, -ium m.	Platäer, Einwohner Plataias / Plataeans, citizens of Plataea

Pleistarchus, -i m.	Pleistarchos, Sohn des Leonidas I. und der Gorgo / Pleistarchus, son of Leonidas I. and Gorgo
Pythia, -ae f.	Pythia, Priester des Apollon in Delphi / Pythia, priestess of Apollo in Delphi
Salamis, Salaminis f.	Salamis, Insel im Saronischen Golf / Salamis, island in the Saronic Gulf
Scythia, -ae f.	Skythien, Landschaft in Zentral-Eurasien / Scythia, region in Central Eurasia
Sinus Maliacus, Sinus Maliaci m.	Golf von Malia, Bucht in Mittelgriechenland / Malian Gulf, bay in Central Greece
Sparta, -ae f.	Sparta / Sparta
Spartani, -orum m.	Spartaner, Einwohner von Sparta / Spartan, citizen of Sparta
Spartanus, -a, -um	spartanisch / Spartan
Tegeates, -ium m.	Tegeate, Einwohner von Tegea / Tegeans, citizens of Tegea
Thebae, -arum f.	Theben / Thebes
Thebani, -orum m.	Thebaner, Einwohner von Theben / Thebans, citizens of Thebes
Themistocles, -is m.	Themistokles, athenischer Staatsmann / Themistocles, Athenian statesman
Thermopylae, -arum f.	Thermopylen, Engpass in Mittelgriechenland / Thermopylae, strait in Central Greece
Thespienses, -ium m.	Thespier, Einwohner von Thespiai / Thespians, citizens of Thespiae
Thessalia, -ae f.	Thessalien / Thessaly
Thracia, -ae f.	Thrakien / Thracia
Xerxes, -is m.	Xerxes I., König der Perser / Xerxes I., king of Persia

Opera selecta

Ad hunc libellum scribendum ego praesertim adhibui illa Herodoti et Cornelii Nepotis opera clarissima, quae sunt haec: Herodoti
«*Historiae*», in quibus Graece scripsit Herodotus copiose de bellis Graeco-Persicis, et Cornelii Nepotis «*De viris illustribus*», qui Latine
scripsit de excellentibus ducibus exterarum
gentium, ut ex.gr.[22] de Miltiade deque Themis-
tocle deque Pausaniā.

Praeterea legere potes libros hos et Theodisce et Anglice scriptos ad Leonidam et ad
Graeco-Persica bella pertinentes:

Fields, Nic (2007): *Thermopylae 480 BC:
Last stand of the 300. Leonidas' Last Stand.* Oxford: Osprey.

Fischer, Josef (2012): *Die Perserkriege.*
Darmstadt: Wissenschaftl. Buchgesellschaft.

Cartledge, Paul (2007): *Thermopylae: The Battle that Changed the World*. New York: Vintage Book.

Holland, Tom (2010): *Persian Fire: The First World Empire and the Battle for the West*. Hachette: Abacus.

Matthews, Rupert (2008): *The Battle of Thermopylae. A Campaign in Context*. Stroud: The History Press.

Shepherd, William (2010): *Salamis 480 BC. The Naval Campaign that Saved Greece*. Oxford: Osprey.

Strauss, Barry (2004): *The Battle of Salamis. The Naval Encounter That Saved Greece – and Western Civilization*. New York: Simon & Schuster Paperbacks.

Will, Wolfgang (2010): *Die Perserkriege*. München: Beck (C.H. Beck Wissen).

Verba auctoris

*H*ic libellus, qui inscribitur «Leonidas», est primus, qui editur in serie novā, quae vocatur «De ducibus Graecis». Hāc in serie scribere in animo habeo libellos ad duces imperatoresque Graecos eorumque res gestas pertinentes. Quis nostrum nescit res gestas Lycurgi Solonis Miltiadis Leonidae Themostoclis Ephialtis Cimonis Periclis? Libellis hāc in serie editis non solum discipulis, sed etiam omnibus linguam Latinam amantibus potestatem facere volo, ut horum ducum Graecorum vitas modo Latino melius cognoscere possint.

Latinitas, quā hic libellus scribitur, est facile intellectu. Ut est consuetudo mea, hunc libellum scripsi neque disputationis philologicae neque disciplinae grammaticae causā. Scripsi eum tantum delectationis causā. Unicuique, qui quaeve hunc libellum explicat, volo dare facultatem, ut sine molestiā Latinitatem huius libelli et facile et bene legere possit. Quā de causā nonnulla verba, quibus hoc in libello usus sum, descripsi et Theodisce et Anglice, ut totum libellum optime legere ac intellegere possis. Praeterea omnia verba, quibus hoc in libello usus sum, descripsi et Theodisce et Anglice in indice separato.

Hoc in libello scripsi omnia verba sine syllabis neque longis neque brevibus, nisi ea verba generis feminini, quibus est declinatio prima. Quoniam illorum verborum nominativus et ablativus singularis desinunt in litteram «a», invenientur illa verba in ablativo scripta longā syllabā, quae est «ā», ut facilius distinguantur.

Hic libellus totus a me ipso fictus scriptusque est. Si quae menda sive grammatica sive stilistica invenies, eadem solā meā culpā effecta esse scito.

Bernhardo, familiari carissimo, hunc libellum dedico eique gratias ago maximas, quod omnibus temporibus me adiuvat.

Michael Hirschler
anno MMXVIII

De auctore

Michael Hirschler natus est Vindobonae anno MCMLXXXVII. In universitate Vindobonensi archaeologiae classicae historiaeque antiquae studebat.

Michael Hirschler in gymnasio quodam Austriaco linguam Latinam docet.

Ad hoc tempus ab auctore divulgati sunt hi libelli Latini:

- De claustro magico. 2017. 44 pp. Editio: CreateSpace. ISBN: 978-1973918882
- Calio. Fabula Latina. 2017. 60 pp. Editio: CreateSpace. ISBN: 978-1978197169
- De tortā nataliciā. 2018. 36 pp. Editio: CreateSpace. ISBN: 978-1720516422

Title: De claustro magico
(paperback, 44 pp.)
Publisher: CreateSpace
Author: Michael Hirschler
Place, Year: Vienna, 2017
Language: Latin
ISBN: 978-1973918882

About the book

«De claustro magico» ("The magical lock") is a fairy tale about true love and about the fact that love overcomes social prejudices: A king who loves his only daughter wants to prevent that a prince could marry her just due to her money and wealth. He wishes for his daughter a husband who loves her truly. Therefore the king checks every new candidate with the help of a magical door lock.

This fairy tale is totally written in Latin for second or third year Latin students, but also very suitable for all who love to read Latin stories.

Title: Calio. Fabula Latina
(paperback, 60 pp.)
Publisher: CreateSpace
Author: Michael Hirschler
Place, Year: Vienna, 2017
Language: Latin
ISBN: 978-1978197169

About the book

Calio is a nymph of the goddess of the hunt Diana. She is not only the most beautiful, but also the most arrogant nymph of all. After the love god Cupid was mocked by Calio, he shoots an arrow at Calio. Thereafter the nymph falls in love with a man and loses her virginity. When Diana finds out this sacrilege, she punishes Calio by taking away the nymph's beauty. As an ugly and despised woman, Calio lives retreated in the woods – until one day a young man enters her life …

This story inspired by Greek mythology is written in Latin for third year and advanced Latin students. It is also very suitable for all who love to read Latin stories.

Title: De tortā nataliciā (paperback, 36 pp.)
Publisher: CreateSpace
Author: Michael Hirschler
Place, Year: Vienna, 2018
Language: Latin
ISBN: 978-1720516422

About the book

Tullia is invited to a birthday party. For a long time she thinks about a suitable gift. Finally, she decides to bake a birthday cake ...

This Latin picture book is suitable for all who love to read Latin stories, especially for young Latin students.

Made in the USA
Las Vegas, NV
05 October 2023